TRUCKS

EIN TRAUM VON ABENTEUER, FREIHEIT UND WEITE

CIP-Titelaufnahme der Deutschen Bibliothek

Reyes, Francis:
Trucks : ein Traum von Abenteuer, Freiheit und Weite /
Francis Reyes. [Übers. aus d. Franz. von Text u. Sprache,
Kempen]. - Hamburg : Xenos, 1990
(Xenos-Ratgeber)
Einheitssacht. : Camions Passion <dt.>
ISBN 3-8212-912-7
NE : HST

Deutsche Ausgabe: ISBN: 3-8212-0912-7

Übersetzt aus dem Französischen von Text und Sprache, Kempen
Einbandgestaltung: Künne + Künne Werbeagentur, Hamburg
Satz: KCS GmbH, Buchholz/Hamburg
Printed in Hungary

Die französische Originalausgabe erschien 1989
unter dem Titel »Camions passion«
im Verlag Éditions Atlas Richter

TRUCKS

EIN TRAUM VON ABENTEUER, FREIHEIT UND WEITE

FRANCIS REYES

XENOS

DANKSAGUNG

An Puce, Emylou, Alexis. Dank Pascal Kersiak dafür, daß er mir Material geliefert hat. Dank meinen Freunden, den Fernfahrern und den Spediteuren, für ihr großes Entgegenkommen und ihre Hilfsbereitschaft. Dank Steve Sturgess, Chefredakteur von »American Trucker« in Los Angeles. Billy Campbell, Prinz des Farblackierens und des Pinsels auf der Milikan Avenue; Jack Murphy, texanischer Journalist. Dank auch Loji Louné für die wertvolle Hilfe, die er mir in Tokio leistete. Takeo Ijibata, Kazue Aoki, Masao Ikeda, Shiina Hitoshi, Chieko Ishikawa, Kazuo Takahashi und Ryo Sugo von der Toei Movie Corporation. Dank an Naniwa Kai, an Yuka Maru und an Utamaro Kai.

Ob in Europa, im Mittleren Osten, im Orient, jenseits des Atlantik oder auf der anderen Seite des Globus, der LKW ist eine wichtige Figur auf dem ökonomischen Schachbrett; und der von den Amerikanern geprägte Slogan »If you got it, a truck brought it« (Wenn Sie etwas haben, dann hat es Ihnen der LKW gebracht) bringt die Bedeutung zum Ausdruck, die dieses Transportmittel in unserer Zivilisation hat.

1910 hatte der einzigartige Phantast Marius Berliet einen auf »Typ M« getauften LKW entwickelt, der kürzlich zum historischen Denkmal erklärt wurde. Dieses Fahrzeug, das eine solche Auszeichnung ohne Zweifel verdient, ist tatsächlich von großem historischen Interesse, und zwar wegen der Stellung, die es in der ökonomischen Entwicklung einnimmt: Dieses Fahrzeug bezeichnete den Übergang vom Pferdefuhrwerk zum motorisierten Kraftwagen. Und dennoch: Für viele Jahre galt der LKW den direkten Nutzern dieser modernen Errungenschaft eher als ein notwendiges Übel und nicht so sehr als ein Hilfsmittel, das für das Wohlergehen eines jeden von uns unerläßlich ist.

Und dann endlich, im Laufe der Jahre, hat sich sein Ansehen positiv entwickelt, dank der technischen Verbesserungen, die aus dem lärmenden Monstrum einen nützlichen Gegenstand, schön und stark wie ein LKW, gemacht haben. Ein Wunder! Hinter der Windschutzscheibe hat sich endlich ein menschliches Gesicht abgezeichnet – das des sympathischen Fernfahrers. Dann haben einige Abenteurer der Welt gezeigt, daß dieses Ungeheuer auch ein Quentchen Erotik in sich trägt, das den LKW einige Großtaten vollbringen ließ. Und schließlich begannen die Menschen, die ihn lenken, ihn wie einen Gott zu verehren und mit der Göttin, die sie schon seit Jahrtausenden anbeten, zusammenzuführen: mit DER STRASSE. Aus dieser Verbindung ist eine Begeisterung hervorgegangen, schön wie ein LKW. Es ist übrigens interessant festzustellen, inwiefern die in den einzelnen Staaten üblichen Stilrichtungen deren Zivilisation widerspiegeln: ihre Malerei, ihre Architektur und ihre Lebensweise. Der LKW ist in diesem Stadium ein echtes Ausdrucksmittel. Lebenskunst. Eine Kunst, die es zu ehren gilt, indem man jene ehrt, die ihrer mächtig sind: DIE MÄNNER DER STRASSE.

Francis Reyes

INHALTSVERZEICHNIS

CUSTOM SAILBOARDS
Steamer
custom

LKW-Begeisterung in Europa

DIE SCHATTEN AUS ACRYL

Gegen Ende der siebziger Jahre beschlossen zwei bretonische Fernfahrer, die Brüder Allaire, in einem Vertrag, ihre LKWs zu personifizieren. Einem der Meister der französischen Aerographie, Paul Guillé, vertrauend, begannen die beiden Volvos die Anführer einer Bewegung zu werden, der sich nach und nach Hunderte von Berufskraftfahrern anschlossen. Heute zu einer regelrechten Institution geworden, nimmt der dekorierte LKW eine privilegierte Stellung im Rahmen des Straßentransportwesens und in den Herzen der Spediteure ein, für die er zu einer Visitenkarte von beeindruckender Wirkung geworden ist.

F10

Der dekorierte französische LKW ist weltweit nicht nur den Berufskraftfahrern, sondern auch einem breiten Publikum bekannt. Die Bewegung, die dahinter steht, hat 1978 einen Aufschwung erlebt, als die Brüder Allaire beschlossen, das Aussehen ihres Nutzfahrzeugs zu verändern, indem sie es Paul Guillé anvertrauten, dem Leiter des Unternehmens Séripubli in Lamballe, der diese beiden LKWs mit einigen Farbspritzern in echte fahrende Fresken verwandelte. Seit jenem Tag hat sich diese Mode wie ein Lauffeuer ausgebreitet.

Linke Seite: Einer der Volvos, die dem Transportunternehmen Offredi des Bordes aus der Gegend von Sens gehören, dekoriert von Pascal Kersiak zum Thema »Reise nach Japan«.

Rechts: Der Volvo FL6 von Daniel Offredi, der im guten alten Italien ein außergewöhnlicher Maler ist. Venedig und seine Gondeln sind eines der Lieblingsthemen dieses Künstlers.

Unten: Alain Offredi (in der Mitte), ein Spediteur im Wind, der seinen Fahrern sehr gern eine Freude macht.

Vorhergehende Doppelseite: Gérard Sauze posiert am Steuer seines Renaults für die Titelseite einer Zeitschrift am Strand von Bandol. Gebürtig aus Marseille, hat er selbstverständlich diese leuchtende Stadt am Mittelmeer auf seinem LKW verewigt.

Dutzende, und später Hunderte von Fahrern sind ihr auf dem Fuße gefolgt und haben eine Bewegung ins Leben gerufen, die seit mehr als zehn Jahren die Straßenlandschaft beträchtlich verändert hat. So sehr, daß die Spediteure nicht gezögert haben, große Summen in die Acryl-Malerei zu investieren, wobei sie in Betracht gezogen haben, daß das Markenimage ihrer Transportgesellschaft in allererster Linie von der Darstellung des Materials abhängt. So hat Jean Rouillon aus Saint-Amé in den Vogesen seit zehn Jahren einen Teil seiner Einkünfte in die Dekoration seiner Fahrzeuge gesteckt. Für ihn ist diese Investition alles andere als Prahlerei, hat er doch festgestellt, daß ein großer Teil seiner Kunden nicht nur seinen funkelnden LKW bewundert, sondern auch kostenlose Werbung bei potentiellen Kunden macht. Zahlreiche sind jene, die

Oben: Der außergewöhnliche Volvo F12 der Firma Dumont aus Lyon mit der Brooklyn Bridge bei Sonnenaufgang. Ein gleiches Dekor wurde auf der anderen Seite angebracht, jedoch die nächtliche Stimmung zum Ausdruck bringend.

Links: Der DAF der Spedition Bradin feiert den 200. Geburtstag der Revolution mit dem Thema »Bürger Bradin«.

Rechts: Thierry, ein Fan des Ford Transcontinental und der New Yorker Brücken, anläßlich der Frankreich-Meisterschaft von Castellet.

Folgende Doppelseite: Mazamet an einem Sonntagmorgen. Daniel Bonnery streicht über seinen Iveco 190 38, auf dem er in einigen Fresken die Entwicklung des Granit-Transports von Sidobre hat »eingravieren« lassen.

DANGER

IVECO
IVECO
UNIC
4016 OE 81

SCANIA
141
1461PN89
VOLVO

sich heute an der Existenz dieser unglaublichen LKWs erfreuen, die vor ihren Lagerhallen stehen. Ein anderer, besonders positiver Punkt ist die Zufriedenheit der Fahrer des Unternehmens, die ganz offensichtlich glücklich sind, am Lenkrad einer dieser prächtigen Maschinen sitzen zu können. Die Energie, die sie aufbringen, um ihren LKW bestens zu pflegen, stellt eine Garantie für diese Fahrzeuge dar, deren Preise oft an 800 000 F heranreichen (Zugmaschine und Auflieger).

Links oben: Einer der Fahrer der Spedition Offredi hat das Thema Weltraum gewählt, das die Lieblingsdekoration von zahlreichen LKW-Fahrern ist.

Oben: Mittelalterliches Dekor für diesen Scania 141 aus einer ganz anderen Epoche (1981). Denis Guadagnini hat Humor und Geschmack für das echte Detail. Man beachte die Fensterscheiben am Heck dieser Zugmaschine »Retro«.

Links: Ausgerichtet wie bei einer Parade posieren einige der dekorierten LKWs der Flotte Offredi wie die Stars eines Wettbewerbs. Im Vordergrund ein Scania 141, der 1981 als einer der besten LKWs auf dem Markt galt, daneben ein Volvo F6 der neuen Generation, ein F12 und sein Bruder, der eine zum Thema »Reise zu den Inseln«, der andere, von André Chevalier, zum Thema »Bär von Kodiak« dekoriert.

Folgende Doppelseite: Michael Gaillard und sein Bruder. Zwei aus Issoire, deren Ruf in der Auvergne, wenn es um dekorierte und amerikanische LKWs geht, außer Frage steht.

KENWORTH

Michel

SCANIA

Vorhergehende Doppelseite: Der Scania 142M der Spedition Rouillon, von seinem glücklichen Fahrer »Top Model« getauft.

Oben: Jean Rouillon hinter dem Steuer des »FR Story«. Eine Würdigung der Bibel der Fahrer, der Zeitschrift »France Routes«.

Rechts: Hommage an Thierry Sabine und an die »Dakhkar«. Und der fabelhafte DAF, »Silberner Eisläufer« getauft. Unten: Der Scania »Top Model« der Spedition Rouillon.

Links: Seit 1867 auf Umzüge spezialisiert, hat die Spedition Jury aus Puy eine besondere Vorliebe für Dekors von der »Firm Enseignes«.

Es gibt einige Dutzend Spediteure in Frankreich, alle Besitzer von mindestens zehn Fahrzeugen, die mit ihren dekorierten LKWs eine Art heimliche Werbung betrieben haben. Was die Künstler betrifft, die oft nur einen LKW besitzen, so kann man davon ausgehen, daß ihr Beweggrund ein anderer ist. Bei ihnen ist es die Freude, einen schönen LKW zu besitzen, der sie aus der Menge heraushebt. Häufig fahren sie ihr Fahrzeug selbst, was ihnen erlaubt, zu ihren Kunden persönlichen Kontakt zu unterhalten. Wie dem auch sei, diese Methode hat sich jedenfalls bewährt, und jene, die vor diesen fahrenden Fresken standen, können sie nicht mehr vergessen. So hat die Stadt Brest, von der Idee begeistert,

Mercedes 19.35. Prachtvolle Hommage an die Schönen, die während der langen Fahrten durch die Träume der Fernfahrer geistern.

Oben: Zurechtmachen vor dem großen Wettbewerb von Castellet. Dieser Mercedes wurde zu Ehren der olympischen Spiele von Grenoble dekoriert.
Daneben: Ein Iveco, für die Auslieferung von Heizöl bestimmt.
Unten: Hommage an den bei einem Motorradunfall ums Leben gekommenen Komiker. Die LKW-Fahrer verehrten Coluche. Dies ist der LKW-Fahrer, der die Entscheidung, ihn dekorieren zu lassen, allein getroffen hat.

einen Vertrag mit dem Transportunternehmen Pellau geschlossen, damit dieses auf den Seiten seiner LKWs überall in Europa wissen läßt, daß Brest »eine großartige Stadt« ist. Eine geniale Idee, und zwar in dem Sinne, daß für eine relativ bescheidene Summe (120 000 F) vier Lastzüge zwei Jahre lang riesige Bilder, die die Stadt Brest und ihre Umgebung darstellen, durch den Kontinent fahren. Eine originelle Maßnahme, die nach den Worten des Werbefachmanns der Stadt alle Hoffnungen noch übertroffen hat, ganz besonders übrigens bei den Niederländern, die die Bretagne für den Sommerurlaub besonders schätzen.
Die Medien haben übrigens den von den dekorierten LKWs hervorgebrachten »Bilderrausch« mit Wohlwollen aufgenommen. Fernsehen, Radio, Tages-, Wochen- und Monatszeitschriften haben sich darum gerissen, und heute ist daraus eine regelrechte Institution geworden.

OTIP
33
1203
60
80
8189 RN 88
VECO
LUBRIFIANTS
ARAL

NIETO
CHEROKEE
TEAM TRUCKS TOULOUSAIN
IVECO
VG 31

Linke Seite: Denis Laventure, Cherokee CB-Funk, vor seinem Iveco 190 38 der Spedition Nieto aus Toulouse. Der LKW ist ebenso interessant wie der Fahrer, dessen Mystik keine Legende ist. Eine Persönlichkeit der Straße.

Rechts: Scania der Spedition Lafay und ein wunderschönes Dekor von Gilard, der sein Heimatdorf hervorhebt.

Unten: Iveco 190 42 der Spedition Michel Gaillard. Frauen und Pferde werden verehrt. Doch derjenige, der diesen Mann aus der Auvergne kennt, weiß, daß vor allem die LKWs seine große Leidenschaft sind.

Folgende Doppelseite: Mercedes-Zugmaschine und Halbauflieger, dekoriert für die »Mutuelle« der Motorradfahrer. Basierend auf Motorrädern, die sich im Weltraum und rund um unseren guten alten Planeten weiterentwickeln, wurde das Dekor von Bernard Héloua in den Räumlichkeiten von Mercedes France in La Courneuve ausgeführt. Dieses fahrende Schaufenster regt offensichtlich zu den wichtigsten Sportveranstaltungen für Motorradfahrer an. Auf dem Foto: Louise Besseyre, Christian Borie und Vincent Mathieu.

So haben die Amateure und Besitzer von dekorierten LKWs ihre eigene Bibel: Die Zeitschrift »France Route« veröffentlicht jeden Monat zahlreiche Reportagen über die kleinen Neuigkeiten, die die Anhängerschar anwachsen lassen. Die gleiche Zeitschrift organisiert alljährlich in Castellet auf der Rennstrecke Paul-Ricard die Meisterschaft der dekorierten LKWs von Frankreich. Der Meistertitel steht hierbei sehr hoch im Kurs, und die Konkurrenz wird immer härter. Unverändert sind seit nunmehr fünf Jahren die 200 schönsten »Exemplare« vertreten, um an dem auf dieser Rennstrecke stattfindenden Finale teilzunehmen – und alle unter lautem Hupen. Für 72 Stunden verwandeln sich die Nutzfahrzeuge in Stars.

FFMC
MUTUELLE
FFMC

MUTUELLE
MOTARDS

FFMC

Oben: Mercedes 19.35 der Spedition Grimal. Sein QRZ (CB-Funk-Code) Apache und die weiten gemalten Prärien auf dem Frontteil des Sattelzuges wecken das Fernweh des Fahrers und seine Liebe zu Amerika. Zumindest, so wie das Dekor des Aufliegers zeigt, würde er es vorziehen, von Zeit zu Zeit zu den Küsten der Pazifikinseln aufzubrechen.

Links: LKW- und Motorradbegeisterung dieses Künstlers und Spediteurs, dessen Volvo F10 sein einziges Kapital darstellt.

Rechts: Philippe Dumont zögert nicht, seinen LKW zwischen zwei Fahrten zu waschen. Er geht dabei vom Marken-Image des Familientransportunternehmens aus.

Die Fahrer preisen ihre Dekors, vergleichen die Qualität der Acrylmalereien und streichen mit zarten Gesten über die Rundungen der Traumgeschöpfe, die sie auf das Metall gemalt und sorgfältig mit zahlreichen Lackschichten fixiert haben. Die guten Adressen werden ausgetauscht, mit Ratschlägen ist man großzügig, und dennoch ist jeder in seinem Innersten überzeugt davon, den schönsten der dekorierten LKWs zu besitzen. Aber dann kehren die Stars eines Wochenendes auf die Straße zurück, die ihr Element und ihre Daseinsberechtigung ist. Wie ein Schiff ist auch der LKW nicht dazu geschaffen, im Hafen zu bleiben. Er muß die Weite zurückgewinnen, aufs neue Kilometer fressen und sein Leben verdienen. Und – warum auch nicht – vor den Augen der Gaffer die verrücktesten Träume und selbst die Phantasien eines einsamen Fahrers, geboren aus dem Mangel an Kommunikation, zur Schau stellen.

PV

Renault R 390, von Pascal Kersiak zu einem von Christophe Viellame gestellten Thema dekoriert, dem glücklichen Besitzer der Zugmaschine, deren Design die Aktivitäten des Familienunternehmens fördern sollte, das heißt, den Transport von großen Parabolspiegeln, die zur Ausrüstung von vom Militär genutzten Radars bestimmt sind. Dieser perlmutt- und goldgelbe R 390 ist eine richtige Lichtfalle, dekoriert bis an das Ende der Kotflügel. Duck, oder anders gesagt Christophe, hat sich ein lichtes Handzeichen auf der Kühlerhaube angebracht.

Links: Innenraum des R 390, in allen Teilen vom Fahrer selbst ausgeführt. Von LKWs begeistert, ist Christophe durchaus in der Lage, einen großen Teil seiner Wochenenden damit zu verbringen, ein Nußbaumstück abzuschleifen und wieder aufzurauhen, um es in sein Armaturenbrett einzupassen. Oder damit, sein Führerhaus mit Leder auszupolstern oder seine Sitze mit Samt zu beziehen. Den Meisterschaften der dekorierten LKWs von Frankreich und verschiedenen anderen Wettbewerben treu ergeben, hat dieser junge LKW-Fahrer aus Vert-Saint-Denis bereits einige Pokale gesammelt. Muß noch gesagt werden, daß der LKW tatsächlich seine Leidenschaft ist?

power marine
OFF SHORE
RACING TEAM
POZZI-GINORI
35
VOLVO
F12
MI·0D1771

Die Stars des Asphalts

Nachdem sie zunächst die Formel-1-Wagen, die Offshores, die Motorräder und Rennwagen nur transportierten, haben sich die LKWs schließlich ein Herz gefaßt. Heute gibt es den Europapokal der LKW-Wettbewerbe. Damit können 70 LKWs, wahre Rennfahrzeuge, Stars auf acht europäischen Rennstrecken sein.

Linke Seite: Formel-1-Rennen auf dem Meer vor der sardischen Küste. Die Boote und Offshores werden ausnahmsweise auch von LKWs transportiert. Die Herstellungskosten dieser speziellen Auflieger erreichen häufig 2 Millionen Franc.

Oben: Der Volvo F 12 Turbo des italienischen Teams Annabella liefert seine kostbare Ware im Hafen von Porto Cervo ab.

Folgende Doppelseite: Katastrophenkurve für den finnischen Fahrer Reima Soiderman hinter dem Steuer seines Sisu. In Castellet sowie bei den anderen Grand-Prix-Veranstaltungen ist die Geschwindigkeit auf 160 km/h beschränkt. Unten: Der Fahrer des Teams Baby Cresci trägt die berühmte Micky-Maus zur Schau. Topolino ist das Zeichen einer der besten Offshoremannschaften in Italien.

YDRIS
NS ELEVATEURS
GRAND PRIX CAMION
CHEREAU
SISU
PIRELLI
powered by
C 471
SODERMAN
ARh+
CHEREAU
15
SILJA LINE
FINNJET
FINNCARRIERS
Alfa
POSTIPANKKI
NOKIA
ESSO

SEALINK BRITISH FERRIES
SEALINK BRITISH FERRIES
GRAND PRIX CAMION
CHEREAU
Myrina Oils
UNIROYAL
UNIROYAL
Cummins Diesel
CHEREAU
ISOLATOR
Mäkitorpan AUTORADIO Oy
BLAUPUNKT
ROSTEL
OVAKO STEEL
KAUPE
PSP-rahoitus Oy
NOKIA
VBG

apache
POWERBOATS

Alle LKW-Fahrer, die sich im Milieu der Offshore-Wettbewerbe bewegen, kleiden sich gern in den Farben ihres Teams, dieser hier zeigt stolz den Blouson der Apachen Powerboats.

Oben: Der Iveco »Piter 2« des Team Fresh Clean beim Abladen im Hafen von Porto Cervo. Man beachte die Feinheit der Dekors auf diesem schönen Italiener, der gelegentlich »Turbo Star« getauft wurde.

Die Prinzen des Farblackierens

Pascal Kersiak oder Paul Guillé, man weiß nicht, welcher von beiden das erstaunliche Phänomen des dekorierten LKW geprägt hat. Der eine ist produktiv und berühmt, der andere diskret und genial.

Links: Pascal Kersiak. Er ist derjenige, der am meisten auf dem Gebiet des dekorierten LKWs geschaffen hat. Seine Arbeit und seine Ideen finden überall in Europa Anklang.

Rechts: Paul Guillé in seiner Werkstatt in Lamballe, er bereitet seine »Mischung« für die malerischen Feinheiten auf dem LKW von Maurice Lerouge vor, einem weiteren Liebhaber des dekorierten LKWs.

Unten: Der Künstler bei der Arbeit. Er malt hier den Wagen von Alain Prost auf einen von der Firma Chéreau hergestellten Kühlanhänger.

Phantasie tonnenweise

Unten: Ein Renault der Spedition Rouillon, im LKW-Salon am Rande von Versailles vorgestellt.

Rechts: Der Schulungs-LKW Fraboulet.
Unten: Jean Carion, der unbestrittene König des dekorierten LKWs (oben), und Albert Roesh, einen Sieg in Paris feiernd (unten).

Oben links: Exotik vor seinem LKW in Begleitung seines Verkäufers: Dieser Mann ist auf den Verkauf von Früchten – exotischen natürlich – spezialisiert.

Links: Ein Hawaii-Mädchen auf einem LKW der Marke DAF. Und eine Zugmaschine der Flotte Rouillon. Wie man feststellen kann, ist eines der Lieblingsthemen im Herzen der Fernfahrer das Fernweh. Was wäre normaler für die Männer der Straße?

Oben: Ein anderes Detail des DAF Rouillon, gemalt von Pascal Kersiak. Dieser LKW ist eine der Hauptattraktionen des großen, jährlich in Castellet stattfindenden Wettbewerbs.

Links: Parpillon bewundert die Tänzerinnen des Kasinos in Paris, und er läßt es wissen, indem er den Charme einer von ihnen auf den Türen seines Volvos ausbreitet.

Rechts: Detail auf dem Mercedes 19.33 von Robert Mendez aus Montauban. Frauen, Frauen und nochmals Frauen . . .

Linke Seite: Detail auf einem LKW, der auf den Transport von Pferden nach Toulouse spezialisiert ist. Diese Arbeit wurde von jungen Künstlern des Frog's-Unternehmens, ebenfalls in Toulouse ansässig, ausgeführt. Eine Arbeit von seltener Qualität, die die Arbeit vieler Stunden erforderte. Ein Entwurf wurde dem Kunden vor den ersten Farbstrichen vorgelegt.

Oben: Ein anderes, ganz außergewöhnliches Detail hebt sich auf diesem Volvo ab. Vollendung und absolut verblüffender Gegenstreich. Es gibt nur wenige Maler, die es geschafft haben, eine solche Stufe der Perfektion zu erreichen.

Rechts: Zwei gleichartig orientierte Studien. Das metallene Känguruh und der »Silberne Schlittschuhläufer«. Letzterer wurde von Kersiak auf einem LKW der Spedition Rouillon signiert.

Links: Mel Gibson in seiner Lieblingsrolle, der des Mad Max. Ein von Thierry Grémilliet auf den DAF von Gérald Rebouché gemaltes Dekor.
Unten: Die Auvergne, hier dargestellt auf dem LKW der in Puy ansässigen Spedition Jury.

Ganz unten: Hugo, Kennedy, Cocteau und andere auf dem LKW der Spedition Haquin aus Nancy. Eine von Paul Guillé signierte Freske.
Rechts: Eine von Künstlern des Frog's-Unternehmens aus Toulouse ausgeführte Arbeit.

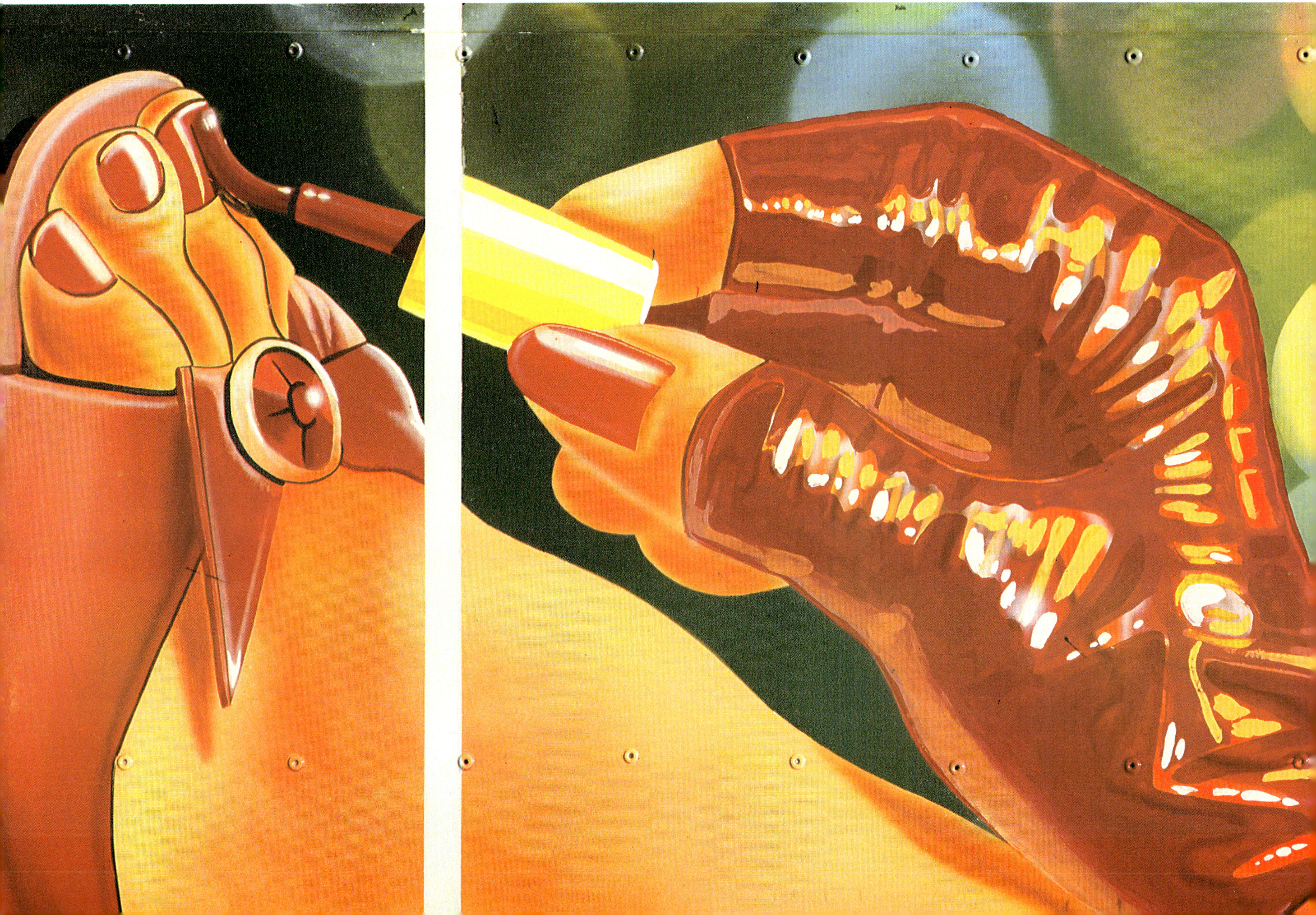

Oben: Die legendäre »Kartenpartie« von Pagnol, mit den nicht weniger berühmten Raimu.

Rechts: Ein alter Berliet, hinter seiner Kabine bemalt, und ein Motiv zu Ehren der Bergarbeiter von der Mosel.

Unten: Phantastische Karikatur des Genies Albert Einstein, gemalt auf der Plane seines Aufliegers.

Rechts: Charlie Chaplin, der berühmte Charlot, gemalt von Paul Guillé auf einem LKW der Spedition Haquin.

Unten: Jacques Brel im Pazifik, nachdem er die Szene verlassen hatte. Ein Porträt, das von einem anderen Star des Dekors, Hubert Jézéquel, gemalt wurde.

LKW-Begeisterung in den USA

Die Paläste der Freeways

Ausgerüstet mit Telefax, Computer, Mikrowellenherd, Klimaanlage, Telefon, Fernseher mit 100 Kanälen, Badezimmer, Salon, Küche, Bordcomputer zur Ermittlung des Kraftstoffverbrauchs oder auch perfektionierte Radarfallenanzeiger, verdienen diese LKWs, die Hunderttausende von Dollar kosten, tatsächlich das Gütezeichen »Paläste der Freeways«. Selbst die Kühlerhaube ist bei einem von ihnen aus 24-karätigem Gold.

Die Tatsache, daß Nordamerika das Land dieser riesigen Chromschiffe darstellt, ist nicht weiter überraschend. Bei 21 515 000 km^2 liegt es auf der Hand, daß der Transport über die Straße eine besondere Rolle spielt. Als fanatische Anhänger des »American Way of Life«, desjenigen Lebensstils, der der Cowboyvergangenheit nachempfunden ist und deren unmittelbare geistige Erben diese Menschen sind, leben die amerikanischen Trucker in diesem Geist und nach dieser Philosophie. Auf ihren luftgepolsterten Sesseln hinter den riesigen Steuern durchqueren sie das Land mit dem wilden Gebrüll des Caterpillar und Cummins,

Chateau
DIET PEPSI

um den Westen oder Osten zu erobern, solange das endlose Band der Straße, das unter ihnen dahinfliegt, nicht endet.
Diese Stars der Straße nennen sich Kenworth, Peterbilt, Autocar Freightliner, Mack, Navistar, White, Marmon, International oder auch Western Star. Einer dieser Trucks, »First Class« getauft, ist hierfür ein gutes Beispiel. Er gehört dem texikanischen Milliardär Dick Crane, der ihn sich 300 000 Dollar hat kosten lassen. Dieser Kenworth, ein K 100 Aerodyne VIT (Very Important Truck), ist neun Meter lang und 2,43 Meter breit. Aber dabei handelt es sich nur um die Zugmaschine, die mehr als die halbe Gesamtlänge eines aus Zugmaschine und Auflieger bestehenden europäischen Sattelzuges erreicht. Der Sleeper (Schlafraum), von der Art, wie man ihn bei allen amerikanischen LKWs findet, ist auch das Büro des »First Class«. Hier gibt es Telefax, Textverarbeitungscomputer und Telefon: all das befindet sich vor dem Rolls Royce der Luftpolstersitze, einem Eldorado Seat zu

Links: Der sehr luxuriöse Sleeper des »El Turbo«, ein LKW, mit dem Gene Smith aus El Cajon (Kalifornien) viertausend Kilometer pro Woche zurücklegt. Einziges neues mechanisches Teil auf dem Peterbilt ist die Luftsuspendierung.

Oben: 8 Millionen Kilometer für diesen sagenhaften Peterbilt der vierziger Jahre. Ein LKW wie dieser hat heute einen unschätzbaren Wert.

Folgende Doppelseite: Ein Peterbilt Long Nose, mit dem famosen Sleeper Double Eagle ausgerüstet. Die Dekorationen wurden von Billy Campbell ausgeführt, einem Künstler aus Idaho.

2000 Dollar. Alle Steuer- und Kontrollsysteme für Stereo- und Klimaanlage sind leicht erreichbar links vom Computer in eine luxuriöse Mahagoni-Konsole eingelassen. Die Einrichtung des Führerhauses ist ebenfalls »First Class«, ebenso wie die Kühlerhaube, die mit 24-karätigem Gold überzogen ist. Neben dem traditionellen Armaturenbrett nach Art der »Boeing 747 des Kenworth VIT« findet man den sehr nützlichen Radarfallenanzeiger Snooper Bird-Dog*, eine CB-Funkanlage, Rückspiegel und elektrisch bediente Scheiben, ebenfalls zwei »Eldorado«-Sitze (für Fahrer und Beifahrer) sowie eine »Rear Vision Television Camera«, einen Bildschirm also, der es mit am Heck des LKWs installierten Kameras gestattet, auf einen Blick die Umgebung dieses Riesenzuges zu erfassen. Und schließlich ist da das Meisterstück dieser einzigartigen Zugmaschine, der riesige, von All American Sleeper Corp. aus Forth Worth (Texas) für Dick Crane gefertigte Salon: 3,50 Meter lang, 2,34 Meter breit, drei Eingangstüren, ein dicker Plüschteppich, Vinyl, Leder, Teak, Mahagoni, eine gigantische Klimaanlage, Kühlschrank, Kochecke, Mikrowellenherd, Fernseher, Videogerät, ein 1,15 Meter breites und 2 Meter langes Bett, Toilette, Dusche und Fernbedienungen für alle diese Anlagen und Geräte. So ausgerüstet ist der »First Class« repräsentativ für diese Generation der Paläste der Freeways. Dick Crane, Eigentümer dieses Schmuckstücks, ist gleichzeitig auch Vorsitzender einer Gesellschaft, die sich ATDS (American Truck Driving School) nennt und deren Fuhrpark aus 60 Fahrzeugen besteht, welche dazu bestimmt sind, von Fahrschülern genutzt zu werden. In dieser Hinsicht kann man davon ausgehen, daß die Investition von 300 000 Dollar in einen LKW wie den »First Class« nichts von Menschenfreundlichkeit oder nur von Leidenschaft hat. Dieser LKW, der mit seinen auffälligen Seitenflächen das Lieblingskind der amerikanischen Medien und sogar der »Times« ist, wurde deswegen nicht selten von denjenigen Journalisten beschrieben, die ihn ausschließlich als Werbemittel betrachteten. Auf jeden Fall dankt Ray Gillepsie, der Fahrer dieses schönen Monstrums, das mit einem Caterpillar-Motor von 500 PS und einem Fuller-Getriebe mit 15 Gängen ausgestattet ist, Gott dafür, einen auch im Bereich der Promotion perfekten Chef zu haben. Wenn auch der »First Class« hauptsächlich zu kommerziellen Zwecken gebaut wurde, so wäre es doch ein Irrtum, all die anderen schönen Monstren in diese Kategorie miteinzubeziehen. »Sweet Dreams«, »Stage Coach«, die außergewöhnlichen Peterbilts von Glen Rice und Bobby Whitfield, sind echte Nutzfahrzeuge und trotzdem auch sie Stars der Freeways. Ganz wie »Heere Kalykitty«, ein fabelhafter Freightliner, dekoriert vom Künstler Von Otto, oder auch »C 444«, »El Turbo«, ein Schmuckstück der

Folgende Doppelseite: Der legendäre »First Class«. Die Kenworth-Zugmaschine, die längste der Welt, mit ihrem Kühler aus 24-karätigem Gold.

007T
007

ATDS
ELM MOTT, TX.
First Class
KENWORTH
TRUCKERS AID
007
007
First Class
2CR-484
ATDS

Oben: Dick Crane (links), der Chef der Firma ATDS, und Ray Gillepsie, der »First Class«-Fahrer bei der Show von Reno (Nevada).

Rechts, oben: Das »Büro« des Kenworth »First Class«, ausgerüstet mit Telefax, einem Telefon und einem Textverarbeitungscomputer.

Rechts, unten: Fernseher, Mikrowellenherd, Radio-Kassettenrekorder, Kochecke, Kühlschrank, Klimaanlage, Tischbar und Schachspiel, riesengroßes Bett, Wandschränke, dicker Teppich, Polsterung, Leder und Samt gehören zur Ausstattung des Schlafraums im »First Class«.

Unten: Die teuerste Kühlerhaube der Welt. Sie besteht vollständig aus 24-karätigem Gold.

vierziger Jahre, »Bad Bandit«, »Taipan«, »Day's Express«, »No Excuse II«, »Lady Cobra« und all die anderen Schmuckstücke des Unternehmens Sterling Transit aus Los Angeles: 99% dieser Maschinen sind rund um die Uhr auf der Straße, legen Tausende von Kilometern mit dem tiefen Gedröhn der riesigen Diesel-Motoren zurück, die sie antreiben.

Folgende Doppelseite: Zwei auf der World Largest Truck Show (die größte Truck-Show der Welt) in Anaheim (Kalifornien) ausgestellte Peterbilt. Der Erlös dieser Show wird vollständig einer Gesellschaft zugeführt, die sich um behinderte Kinder kümmert.

295
Peterbilt
MAY CALIFORNIA
3E91540

PIKE
BEERS
Peterbilt
DEC CALIFORNIA
2F07211

Die Stahlrosse

Als leidenschaftliche Meister der Kunst des Verchromens und Polierens von Aluminium investieren die US-Trucker Tausende von Dollar.

Linke Seite: Jerry Lundberg, Präsident der Transportgesellschaft Sterling in Montebello.
Unten: Bob Wilson und der »Ironsides«, der schnellste LKW zwischen Frisco und Los Angeles. Ein Kenworth-Modell von 1979.

Oben: Details der Maschine des »Ironsides«, dem Kenworth von Bob Wilson, Halter eines Geschwindigkeitsweltrekords in Long Beach bei 400 Metern aus dem Stand.

Folgende Doppelseite: Eddy Hall, genannt »Fast Eddy«. Er ist der geschickteste Mann am Steuer eines Baustellen-LKW. Seine rosafarbenen Peterbilt sind in Los Angeles wohlbekannt.

Echte Maschinen, um Kilometer zu fressen, sind amerikanische LKWs Gegenstände des großen Interesses der Fernfahrer, die sie wie Schmuckstücke pflegen. Und wenn diese riesigen Cowboys, mit Stetsons auf dem Kopf und Stiefel mit professionell abgeschrägten Absätzen tragend, manchmal ein tolpatschiges Benehmen an den Tag legen, so erstaunen sie durch ihre geniale Fähigkeit, aus ihren LKWs echte Meisterwerke zu machen; ziseliert, gefeilt, graviert, poliert und verchromt, unter ihren Händen wird der Stahl Schritt für Schritt zu einem Stück Goldschmiedekunst oder zu einer echten Skulptur. Bei allen ist es der gleiche Wunsch, der sie ihren Maschinen soviel Zeit und Energie widmen läßt: der Wunsch, die Trophäe für den schönsten Working Show Truck

Chuck, ein alter Polizist aus Phoenix (Arizona), hat sich umgestellt auf das Polieren von Tanks beim Truck Stop an der Milliken Avenue (Kalifornien).

Chuck

FANCY FOODS
6027

S. E. RYKOFF & CO.
ENJOY LIFE
FOOD SERVICE SPECIALISTS
FOR RESTAURANTS & INSTITUTIONS
EXECUTIVE OFFICES LOS ANGELES, CALIFORNIA

AN LINES
Wayne, In.

REIGHTLINER

Vorhergehende Doppelseite: Die Ehefrau eines Fahrers der Gesellschaft S. E. Rykoff legt bei der Truck Show von Reno (Nevada) mit Hand an. Unten links: Billy Campbell, der geschickteste Buchstabenmaler östlich und westlich der Rocky Mountains. Travis, Metallgraveur, an der Kühlerhaube eines Freightliners bei der Arbeit.

Oben: Durch Von Otto, einem den Truckern gut bekannten Künstler, ausgeführte Dekoration auf einem Bobby Whitfield gehörendem LKW-Anhänger.

Rechts: Kenworth der Spedition Fisher. Das gesamte Fahrzeug, Zugmaschine und Auflieger, ist dekoriert.

(was man mit »schönster Nutzlastwagen« übersetzen könnte) zu erringen.
Jedes Jahr werden in allen Bundesstaaten Wettbewerbe organisiert, deren Sieger sich zum Grand National in Reno (Nevada) einfinden, direkt an der Stadtgrenze und am Rande der Smoke Creek Desert, auf dem Parkplatz des Truck Stop 76, geleitet von einem Meister der Truck Shows, von Sid Doan. Im Juli kann man hier einen phantastischen Pulk von Stahlrossen aus der Nähe betrachten, und diese einfach unglaublichen Antriebsaggregate – Caterpillar, Cummins oder auch Detroit Diesel – mit Blicken liebkosen, die sich im Laufe der Wochen in prunkvolle Wesen verwandelt haben, die ihre unglaublichen, verchromten Fangarme auswerfen und Blitze schleudern, um Sie zu blenden.

ISSLIN' HOBO!
FISCHER

Links: Neil Sparks vor seinem LKW, einem rundum restaurierten Kenworth, in den er 30 000 Dollar investiert hat. Diese Zugmaschine stammt aus dem Jahre 1941, doch trotz ihres Alters schließen die Türen wie die eines Rolls Royce.

Unten: Ein Modell GMC 1951, ausgestattet mit einer Diesel General Motors Truck-Maschine. Ein sehr seltenes Exemplar, das auch heute noch gemächlich über die Straßen rollt und Strohballen transportiert.

Rechte Seite: Jacky Crawford am Steuer seines Peterbilt in einem Vorort von Los Angeles.

Folgende Doppelseite: Der sagenhafte »Passport Transport«. Ein auf den Transport von Luxusautomobilen spezialisierter Peterbilt Long Nose.

PARKING
TRAILER AIR SUPPLY
FRONT DRIVER TEMP
ENGINE START
WATER
OIL
AIR

Peterbilt
Peterbilt
Peterbilt
Peterbilt
MISSOURI
77-551
HUP BE763
85694W

Peterbilt
Joy
MAY
CALIFORNI
HUSS 1

Die Asphalt-Cowboys

An den Kreuzungen der Freeways werfen die Truck Stops ihre Schlingen aus und fangen Tausende von Truckern ein. In diesen Eldorados der Wüste sind die Asphalt-Cowboys König.

Getreu dem Wesen des einsamen Cowboys liebt es der Trucker, wenn die Nacht einmal hereingebrochen ist, einen friedlichen Hafen anzulaufen, in dem er die kleinen Vorkommnisse des Tages in Gesellschaft von seinesgleichen und in aller Ruhe besprechen kann. Jenseits des Atlantiks haben die Erdölgesellschaften schnell erkannt, welche Dienste sie diesen Herren der Straße anbieten können und welchen enormen Profit das bedeutet. Sie haben am Rande des Freeways riesige Rastplätze geplant und gebaut, auf denen auch der anspruchsvollste Fahrer alles findet, was er braucht. So wurden die Truck Stops geboren. Bepflanzte, klimatisierte Paradiese inmitten der Wüste. Komfortable und gemütliche Eldorados, kühl wie die Lagerhallen alter Häfen, wo jedoch Leistung unerläßlich ist. Verglichen mit den alten, aber dennoch charmanten »Mom and Pop« (gemütliche Bistros) sind diese Raststätten wahre 5-Sterne-Hotels. Die alten Bistros, die früher die Interstates (Bundesstraßen) säumten, sind heute zugunsten dieser Gärten Eden verlassen, die von Hunderten von LKWs umschwirrt werden, so wie nachts das Licht die Motten anzieht. Als echte Saloons für Fernfahrer sehen die Truck Stops ... die Cowboys der Straße umherwandeln. Eine elektrische Fauna, in deren Umgebung man zwielichtige Gestalten Seite an Seite mit richtigen Fernfahrern findet – in den gigantischen Raststätten geht es wie in einem Ameisenhaufen zu. Und während die Cowboys ihren Hunger und ihren Durst stillen, surren die funkelnden, bis an den Rand mit Diesel gefüllten Monster auf dem vor Hitze vibrierenden Asphalt und warten ruhig darauf, aufs neue die Wüste zu erstürmen.

Linda Lewis und ihr Ehemann vor einem Peterbilt am Rande der Cypress Avenue in Kalifornien. Auf dem Highway sind sehr viele Trucker-Pärchen anzutreffen.

L.H. HARDING
Inc
RICHMOND
130
LTD
Crown Victoria
ONTARIO
CALIFORNIA
E 063153
CITRUS LEASING

Peterbilt

Oben: Festnahme eines des Drogenhandels verdächtigen LKW-Fahrers im Truck-Stop Milliken Avenue.

Links daneben: Bob Wilson in einem seiner Auflieger, der in eine Spielbank umgebaut wurde. Rechts die Schöne und die Bestie.

Rechte Seite: Billardspiel im Truck Stop Unocoal 76 an der Milliken Avenue in San Bernardino (Kalifornien).

Folgende Doppelseite: Ungeachtet des grollenden Gewitters schlägt dieser Fernfahrer den Highway 10 ein, der nach Phönix (Arizona) führt.

BURGER KING
Mobil
Self Serve Cash
Regular
Unleaded
COUNTRYPRIDE
RESTAURANT
JETCO
HEAVY HAULING

Milliken Ave
FOOD MARKET

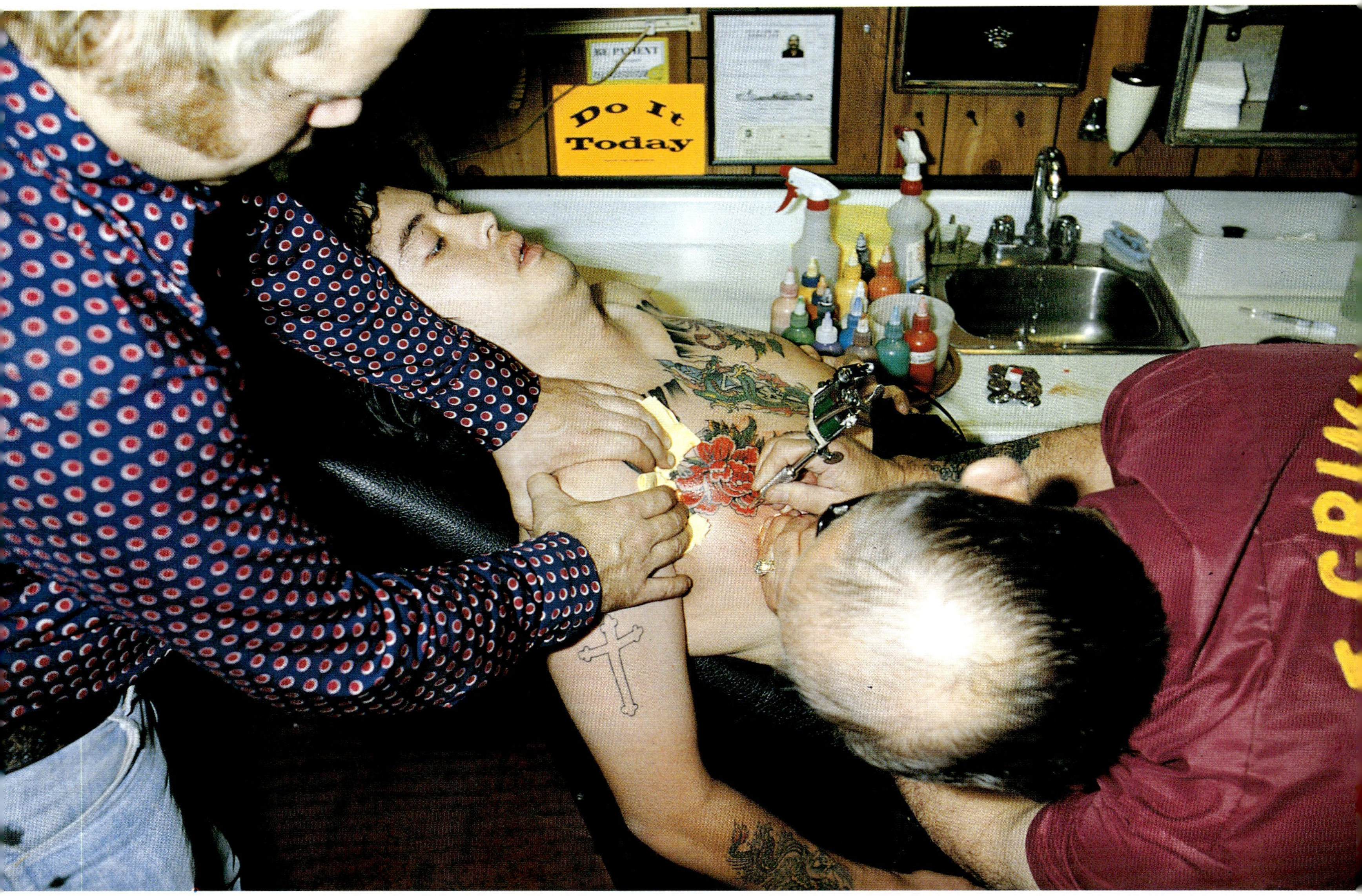

Tätowierung dieses jungen LKW-Fahrers in Tatoo Street in Long Beach (Kalifornien). Eine Tradition, die im Straßenmilieu der Vereinigten Staaten immer noch lebendig ist.
Rechte Seite: Eines der Lieblingsthemen der Trucker. Eine Göttin und ihr Tiger, gemalt von einem Tätowierer, der deutlich von Boris Vallejo inspiriert wurde. Unten: Sonnenbad der charmanten Ehefrau eines Fernfahrers in der Nähe von San Bernardino.

CHROME
POLISH

Oben: Bob, ein Vietnam-Veteran. Er hat sich eine Rose sowie den Vornamen seiner Ehefrau auf den Arm tätowieren lassen, und auf den LKW seinen Vornamen mit einer Rose. Das ist Leidenschaft.

Unten: Stacy Jentz, eine der vielen amerikanischen Fernfahrerinnen, und ihr Peterbilt, den sie über alles liebt.

Linke Seite: Jacky Crawford, Kautabak kauend, bringt einige Chromteile seines wunderschönen Peterbilt zum Glänzen, bevor er auf dem Freeway für die »Consolidated Freightways« weiterfährt.

CAT
DIESEL POWER
Oklahoma City, OK

Links: »Stage Coach«, der Peterbilt von Bobby Whitfield, auf einer Bundesstraße in Arizona. Vier Peterbilts, eine Postkutsche ziehend, von Von Otto auf einen Auflieger gemalt.

Unten: B. J. Montgomery, König der Landstraße bis in die Schuhspitzen, vor seinem Kenworth, der mit einem Caterpillar von 600 PS ausgerüstet ist.

Rechts oben: Jacky Crawford kauft seinen Red Man.

Rechts unten: C. Steen am Lenkrad des »Taipan«, einem wunderschönen Kenworth Aerodyne K 100.

Folgende Doppelseite: Werbung für Kenworth auf einer Wüstenstraße in South-Carolina, unter den aufmerksamen Blicken eines empfindlichen Sheriffs, der Waffen liebt.

SHERIFF
CLOUGH

KENWORTH

Unten: Die mit Türkisen geschmückten Hände von Pete, genannt »Monkey Duster«, ruhen auf dem glänzenden Aluminium-Trittbrett seines Kenworth.

Oben: Bier, Kautabak und Spucknapf aus Kupfer im Innenraum dieses LKWs. Nichts davon ist außergewöhnlich für diese Trucker, die nur die Tradition der Cowboys respektieren.
Daneben: Walt Durdor und sein Ford, dessen Kühlerhaube mit einem prachtvollen Hörnerpaar von Long Horn verziert ist. Hut, Sonnenbrille und Zigarre vervollständigen das Bild dieses Asphaltkönigs.
Folgende Doppelseite: Pete und Dee in ihrem herrlichen Kenworth Aerodyne, dem letzten Modell der Generation des W900.

LONGHORN
Longhorn
Walt Durfor Ent.

Honkey Duster
MINNESOTA
PR A9136
APPORTIONED

Oben: Glen Rice und sein Hund im Führerhaus seines Peterbilt, »Sweet Dream« getauft. Ein treuer Gefährte der Straße.
Unten: Es ist nicht übertrieben, zu sagen, daß es eine gewisse Ähnlichkeit zwischen dem Hund und dem Herrn gibt.

Rechts: Ein Vietnam-Veteran von der Art, die stolz darauf ist, dazuzugehören und der mit Spitzen der Art »Pomeranie« handelt, hier auf dem Truck Stop von Milliken Avenue. Folgende Doppelseite: »Tootsie Roll«. Dieser mit einem Caterpillar-Motor von 500 PS ausgestattete Kenworth W900 gehört Bill Donohue.

Vietnam Veteran
& Proud of It

KENWORTH

KENWORTH
CAL APPORTIONED
BP09724
TOOTSIE
ROLL

Oben: Rückansicht des an den Kenworth W900 von Bill Donohue angekoppelten Tankaufliegers.

Links: »Sweet Dream«, der Peterbilt 377 Conventional von Glen Rice, ausgestattet mit einem Sleeper Bentz Metal Products von 3,65 Meter Länge. Auf dem Dach des Sleepers hat Glen eine Satellitenantenne installiert, die es ihm ermöglicht, mehr als 100 Sender zu empfangen. Dieser LKW hat Dusche, Kochnische, VCR, Stereoanlage, CB-Funk, Telefon und einen F10 Scan Meter, einen Rechner, mit dem präzise der Kraftstoffverbrauch errechnet werden kann.

Rechts: Rast in einem kleinen Motel für den Fahrer dieses Kenworth, das letzte T600-Modell, dessen Aerodynamik es ermöglicht, viel Öl zu sparen.

SPORTS
RACING GASOLINE
the CHROME Shop
1203
KENWORTH
AT57989
KENWORTH
KENWORTH

MOTEL 6
20 95 SINGLE

CONVOY
CONVOY
ますみ
RANGER
川崎 11
つ・・ 19
佐佝観光
ロマンスカー
急送

LKW-Begeisterung in Japan

Die Samurais des Asphalts

Ob in Nagoya, Kyoto oder Osaka, die Samurais des Asphalts verehren den Gott LKW mit Hilfe von computergesteuerten Leuchtstoffröhren und erhellen die Nacht mit Tausenden von farbenprächtigen Lichtern. Etwa hundert Clans führen die Szene an, wobei die verrücktesten und maßlosesten die All Japan Naniwa Kai sind: Fahrer außerhalb des Gesetzes, die bis zu einer halben Millarde Centimes investieren, um ihren LKW zu schmücken.

In Nagoya, Sapporo, Sendai, Osaka, Kyoto und Tokio ist der LKW heute zum Kultobjekt geworden. Fast 10 000 LKW-Fahrer, in hundert Gruppen oder verschiedene Clans aufgegliedert, geben ein Vermögen aus und lassen es sich Unmengen von Energie kosten, sich hervorzutun. Den Japanern, seit jeher dem Traditionellen verhaftet, fällt es leicht, sich zu überwinden, wenn es darum geht, ihren LKW zu verzieren, und paradoxerweise hat das Ergebnis nichts mit der konservativen Haltung zu tun, die den Japaner im Bereich Dekoration erfüllt. In Japan geben auf dem Gebiet des personalisierten LKWs drei Gruppen den Ton an. Die des Utamaro Kai, Schüler des berühmten Utamaro Kitagawa, Graveur und japanischer Maler, der einer der großen Meister der japanischen Grafik ist, berühmt besonders für seine Frauenportraits mit spürbarem Charme und für seine Holzschnitte.

Weiter ist da die Gruppe der Yuka Maru, eine Gruppe, die von Shiina Hitoshi (Spediteur in Sawara-Shi, einer Kleinstadt, 90 Kilometer von Tokio gelegen) angeführt wird, deren Stil zwischen Stahlschmiedearbeiten oder Schleifarbeiten, von Spezialisten mit Lasern ausgeführt, variiert, und deren Meisterschaft der eines Goldschmiedes gleicht. Und schließlich die dritte Gruppe, führend vor allem wegen ihrer funkelnden Seiten, die Naniwa Kai, deren Besonderheit es ist, Farbbilder nach Art »Las Vegas by Night« zusammenzustellen, und die es fertigbringen, daß die Neonlichter Macaos wie gewöhnliche Fahrradlampen aussehen. Die Naniwa Kai sind die unbestrittenen Meister des Lichts. Diese Gruppe umfaßt 300 Mitglieder, und der sehr ehrenwerte Masao Ikeda, wegen seiner außergewöhnlichen Ähnlichkeit mit dem amerikanischen Sänger auch »Sammy Davis jr.« genannt, ist deren Präsident. Er wird von den nicht weniger respektgebietenden und ehrenhaften Takeo Ijibata und Kazue Aoki unterstützt. Der Sitz der Naniwa Kai befindet sich irgendwo zwischen dem großen Vorort von Osaka und Irabaghi-Shi.

Nebenstehend oben: Verzierung im Innenraum eines LKW Naniwa Kai. Die kleine unter dem Lenkrad angebrachte rosa Dose ist eine Love Box. Sie hat die Form eines Herzens und dient der Aufbewahrung der verschmutzten Schuhe des Fahrers an Regentagen.

Nebenstehend unten: Zwei Beispiele für Naniwa Kai-Verzierungen, deren Stil sich hauptsächlich an den Hunderten computerbetriebener und -gesteuerter Lampen orientiert.

Oben: Massao Ikeda, genannt »Sammy Davis jr.«, Präsident des All Japan Naniwa Kai-Konzerns, am Steuer seines LKWs. Er steht an der Spitze des führenden Clans auf dem Gebiet der verzierten LKWs im Land der aufgehenden Sonne.

Unten: Tenso Isahi vor einem Dekor im Innenraum seines Transporters von Mad Painter, dem japanischen Meister auf diesem Gebiet. Tenso gehört zur Gruppe des Utamaro Kai, Schüler des großen Utamaro Kitagawa.

Sie zu treffen, bedarf es exzellenter Beziehungen zu den Chefs einer auf LKWs spezialisierten Zeitschrift, deren Sitz sich in Tokio befindet. Denn außerhalb der Night Shows, die sie zugunsten behinderter Kinder und für Opfer von Verkehrsunfällen organisieren, sind die Mitglieder dieser Gruppe relativ diskret. Ein Hauptgrund dafür ist die Tatsache, daß diese 300 Lichtfanatiker in der vollkommensten Illegalität fahren. Der LKW eines Naniwa Kai, ganz wie der eines Utamaro Kai

Oben: Kleinwagen der Lieferung Naniwa Kai. Ein Schmuckstück, das von einem Goldschmied mit Lasergeräten bearbeitet wurde.

Links: Ein prachtvolles Beispiel für die von den Mitgliedern der Gruppe Utamaro Kai gepriesene und praktizierte Dekoration.

Rechte Seite: Führerhaus eines LKWs, der zum Transport des in Kyoto anfallenden Mülls bestimmt ist. Dieser hier gehört einem Mitglied der Gruppe Naniwa Kai.

浪花会
街道天使
浪花会
京45
特別車

赤龍

oder eines Yuka Maru, ist ein gewaltiger Säbelhieb in die japanische Straßenverkehrsordnung. Alle scharfen und nicht normgerechten Teile sind offiziell natürlich verboten. Was die Beleuchtung betrifft, so müßte sie in Umfang und Farbe den Normen entsprechen: Blinker, Standlicht u. a. und sonst nichts. In diesem Sinne sind die Naniwa Kai weit davon entfernt, normgerecht zu sein, ganz wie die Utamaro Kai, die scharfe Metallteile und außergewöhnliche Beleuchtung anhäufen, oder auch die Yuka Maru, deren Stoßstangen wie die Puffer von alten Lokomotiven aussehen. Sie haben etwas, womit sie die meisten Fußgänger beunruhigen. Nicht verwunderlich, daß diese »Douanier Rousseau« des Schrotts mit hohen Ordnungsstrafen belegt werden. Einige von ihnen unterhalten exzellente Beziehungen zu den Yakusa, der japanischen Mafia, deren Macht und Einfluß in der japanischen Regierung sprichwörtlich ist.

Vorhergehende Doppelseite: Mad Painter. Der »verrückte Maler« vor einem seiner Werke. In Japan ist er die Nummer eins, der Meister.
Oben: Ein Shiina Hitoshi, dem Präsidenten der Yuka Maru gehörender LKW. Er wurde von Mad Painter dekoriert und »La Corrida« getauft.
Links: Mitglied der Utamaro Kai vor einer Dekoration im Innenraum seines Müllwagens.
Rechts: Die Fahrer von Shiina Hitoshi zeigen das Emblem der Gruppe Yuka Maru.
Folgende Doppelseite: LKW der Lieferung Utamaro Kai und sein Fahrer (kleines Foto unten); Pflege einer von Mad Painter gestalteten Dekoration (Foto oben).

UTAMAROKAI
東映グループ
ただいま絶好調!!

人妻
殺し
男初舞台

Also werden die Ordnungsstrafen gemildert oder gar aufgehoben.
Eine halbe Milliarde Centimes: Warum sich ein Gebäude im Herzen Tokios leisten, dort, wo der kleinste Parkplatz umgerechnet 5000 F monatlich kostet. In Japan aber ist das Dekorieren keine Mode mehr, es ist seit nunmehr 20 Jahren eine alte Institution.
Und wenn einige von ihnen die Mittel haben, sich diese mit Laser ziselisierten Metallkunstwerke, oft als Ganzes bestellt, leisten zu können, so enden andere, die genauso begeistert, aber weniger betucht sind, am Bettelstab. Bis über die Ohren verschuldet, unfähig, die Geldstrafen für die im Namen der Dekoration begangenen Gesetzesübertretungen zu zahlen, verlassen diese japanischen LKW-Fahrer, für die es traditionell nicht in Frage kommt, das Gesicht zu verlieren, LKW und Familie und verschwinden auf Nimmerwiedersehen. Das sind die »losen Vögel«, wie man sie von Hokkaido (der größten Insel im Norden) bis Kyushu (im Süden) nennt. Ihre Namen sowie die Namen der Götter werden häufig auf den von den Samurais des Asphalts organisierten Zusammenkünften genannt.

Oben: Reicher Spirituosenhändler in der Region von Sawara-Shi, Mitglied der Gruppe Yuka Maru. Der gesamte Innenraum seines Führerhauses ist mit Stoff ausgeschlagen, und die Außendekoration wurde von Mad Painter gestaltet.

Links oben: Drei LKWs der Utamaro Kai in der Nähe von Tokio. Das Gesamtladegewicht wird in hohem Maße durch Metallkunstwerke beeinflußt.

Links: »La Corrida«, ein LKW des Unternehmens Shiina Hitoshi, von Mad Painter für ein in Japan aufsehenerregendes Feuilleton dekoriert.

浪花会
KANSAI
風雪丸
グループ 一番星
東映グループ一番星
浪花会
EXPRESS KANSAI
俺の命より大切

Oben: LKW der Transportgesellschaft Express Kansai, Mitglied der Gruppe Naniwa Kai, die man am Emblem genau über dem Scheibenwischer erkennen kann, links auf dem Foto.

Rechts oben: Rokoko- und Barock-Inneneinrichtung für diesen LKW-Fahrer der Utamaro Kai; unten ein Mitglied der Utamaro Kai in seinem Schlafraum: Farbfernseher, Radio, CB-Funk und gewaltige Verstärker gehören dazu.

義理
人情
北陸道
石 11
と 82

Links: LKW der Gruppe Naniwa Kai. Jedes Metallteil, jede Lampe wird einmal jährlich für die »Passage aux Mines« abmontiert. Viel Glück!

Rechts: Detail einer Spezialkühlerhaube, Naniwa Kai. Alle Schnitte sind mit Lasergeräten vorgenommen worden.

Unten: 276 Lampen auf der Kühlerhaube dieses Naniwa Kai, und sicherlich mehrere Hundert auf dem gesamten LKW. Generator und Batterien sind unerläßlich.

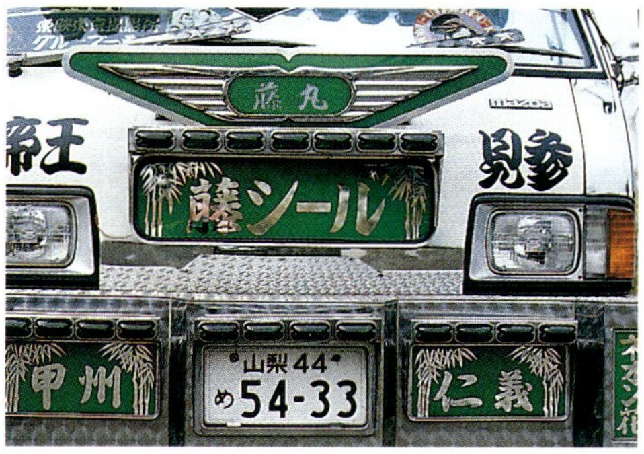

NISSAN DIESEL

Francis Reyes und die LKWs vom Ende der Welt

Vorhergehende Doppelseite: Naniwa Kai in Aktion bei einer Night-Show. In Japan werden Lampenhändler reich.

Oben: Ungarn. Bei den Dreharbeiten zu TERMINUS, dem von Pierre-William Glen mit Johnny Hallyday und Karen Allen gedrehten Film. Johnny fährt hier dieses Monstrum mit TGV-Geschwindigkeit einem unbekannten Bestimmungsort entgegen, und zwar über eine Strecke mit ausgelegten Fallen.

Rechts: Tokio. Francis Reyes dreht hier eine große Reportage über die japanischen Fernfahrer und die verschiedenen Clans, die sie unterscheiden. In Nagoya, Kyoto, Osaka, Tokio, Sendai und Sapporo trifft er die Führer

der organisierten Clans, die den Ton auf den Straßen angeben. Die Yuka Maru, die Naniwa Kai und die Utamaro Kai sind die Fernfahrer außerhalb des Gesetzes, die in völliger Illegalität hinsichtlich der von der japanischen Straßenverkehrsordnung geforderten Normen fahren. Was sie nicht daran hindert, bis zu einer halben Milliarde Centimes zu investieren, um ihre LKWs zu dekorieren und sich zu Shows einzufinden, wo es offensichtlich unerläßlich ist, sich von anderen zu unterscheiden, und wo es bei Strafe verboten ist, das Gesicht zu verlieren.

Oben: In der Auvergne am Ufer des Sees Pavin. Reportage bei Michel Gaillard, einem Spediteur aus Issoire, Spezialist für den Transport von lebenden Tieren. Michel, regelrecht begeistert von den Staaten, besitzt als einziger in Frankreich drei amerikanische LKWs, und zwar Kenworth.